Werner Färber

Rittergeschichten

Illustrationen von Leopé

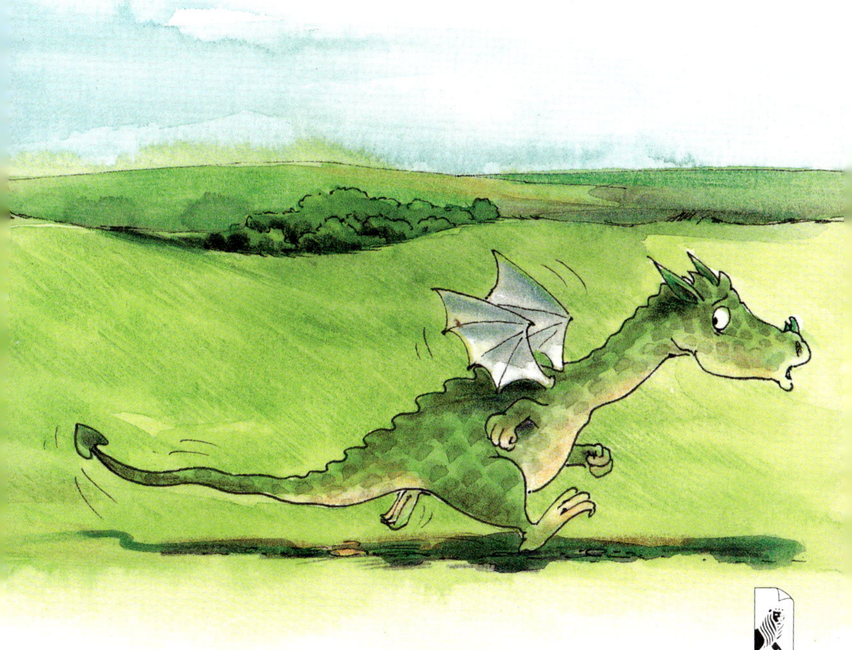

Loewe

Die Deutsche Bibliothek – CIP-Einheitsaufnahme

Bildermaus-Rittergeschichten / Werner Färber.
Ill.: Leopé. – Gekürzte Sonderausg.,
1. Aufl. – Bindlach : Loewe, 2002
(Bildermaus-Minis)
ISBN 3-7855-4135-X

ISBN 3-7855-4135-X – 1. Auflage 2002
© 2002 Loewe Verlag GmbH, Bindlach
Gekürzte Sonderausgabe des 2000 erschienenen Buches
Färber, Kleine Geschichten vom tapferen Ritter
Umschlagillustration: Leopé
Reihengestaltung: Angelika Stubner

www.loewe-verlag.de

Inhalt

Alles für den Ritter

Rüdiger möchte gerne

werden. Heute kann er beim

 die bestellte

abholen. Rüdiger ist ganz

aufgeregt. Er hat schon so viel

über  gehört. Der eine zog

aus, um eine  zu befreien.

Der andere kämpfte gegen einen

wilden  . Es gibt auch

viele spannende  über sie.

In einem 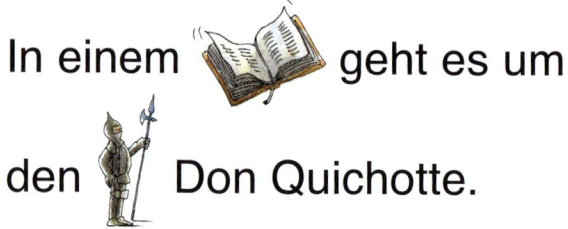 geht es um

den Don Quichotte.

Der war ein wenig merkwürdig

und prügelte sich mit  .

Und neulich lief im  ein

lustiger  über die

der . Die haben allerdings

keine , deswegen müssen

sie unterwegs mit  klappern.

Das hört sich an, als würden sie

über eine hölzerne  reiten.

So ein  möchte Rüdiger

nicht werden. Ob der  die

 wirklich fertig hat?

Tatsächlich. Und wie sie passt.

Rüdigers 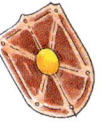 und seine

stehen auch bereit. Der

holt gerade das glühende

aus dem lodernden  .

„Ich bin gleich so weit", sagt

der  zu Rüdiger. Mit dem

großen  bearbeitet er

das  auf dem  .

In einem  kühlt er es ab.

Endlich hat Rüdiger alles, was

ein  braucht. Stolz reitet

er in seiner blitzblanken

zur  zurück.

Ein fürchterlich langer Name

Rüdiger tritt vor den , um

sich zum schlagen zu

lassen. „Wie möchtest du von

nun an heißen?", fragt der .

„Natürlich Rüdiger", antwortet

Rüdiger verwundert. Aber damit

ist der nicht einverstanden.

„Als  kannst du nicht

einfach Rüdiger heißen", sagt er.

„Wo kommst du her?"

Rüdiger zeigt zum

hinaus. „Dort drüben, das ist

meine  . Die mit den

sieben  ." „Sage mir, was

du kannst", fordert der  .

„Na ja, so dies und das", antwortet

Rüdiger bescheiden. „Die

kann ich ganz gut spielen."

„Das reicht nicht", sagt der  .

Ungeduldig schüttelt er den  .

Dabei rutscht ihm doch glatt

die  herunter. Pling – schlägt

sie einmal heftig auf und rollt

die 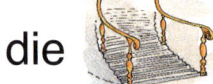 hinunter. Schnell wie

der  zückt Rüdiger sein  .

Elegant spießt er die königliche

 auf. Leider ist ein

verbogen. Rüdiger hämmert ihn

mit bloßer  wieder gerade.

„Danke", sagt der  , „sehr

freundlich. Und wie du heißen

sollst, weiß ich jetzt auch.

Knie vor dem  nieder!"

Der  legt sein auf

Rüdigers . „Hiermit schlage ich

dich zum . Merke dir, wie du

von nun an heißen wirst: Rüdiger,

edler mit flinkem und

eiserner von der

mit den sieben ."

Rüdiger schluckt. Wie soll er sich

das jemals merken? Er verneigt

sich vor dem  und macht sich

auf den ![weg] zur ![Burg] .

Unterwegs trifft er einen  .

„Wie heißt du, edler  ?"

Rüdiger überlegt und antwortet

kurz: „Ich bin  Rüdiger." Er

kann sich doch nicht jedes Mal

den fusselig reden.

Arme Ritter

Der  Rüdiger hebt die  .

„Mhm, wie das duftet", sagt er.

„Bestimmt macht der  gerade

mal wieder arme  ." Die isst

Rüdiger ungeheuer gern. Man

nimmt ein  und legt es in

einen  mit geschlagenem .

Wenn das  gut

eingeweicht ist, wird es paniert

und in der  gebraten.

Rüdiger kann nicht widerstehen.

Er schleicht die  hinunter.

Vielleicht kann er dem  was

aus der  stibitzen. Der

ist nicht da. Rüdiger nimmt eine

. Plötzlich tritt der  hinter

der  hervor. „Deine

quietscht. Man hört dich schon

von weitem kommen."

Der  erschrickt und rennt

schnell die hoch. Doch

er stolpert, purzelt und holpert

dem direkt vor die .

Kleinlaut geht Rüdiger nach oben.

Die eisernen  und der

sind heil geblieben. Aber

die  sieht verbeult aus.

Wie schade, dass es kein

gibt, mit dem man eine

bügeln kann. Rüdiger muss sich

mit dem  behelfen.

Stundenlang klopft Rüdiger an

der herum. Zuletzt nimmt

er das und ölt sie. Er will

sich gerade wieder anschleichen,

da läutet der die .

„Komm zu , Rüdiger! Oder

soll ich heute alleine essen?" Das

lässt sich der  Rüdiger nicht

zweimal sagen. Er rennt los, dass

seine  nur so scheppert.

Allerdings ohne zu quietschen.

Seltsame Ritterspiele

Rüdiger hat alle  auf seine

 eingeladen. „Liebe  “,

verkündet er, „heute wollen wir

nicht mit  kämpfen. Wir

wollen uns auch nicht mit

von den  stoßen. Lasst

uns lieber was Lustiges spielen.“

„Rüdiger hört sich an wie ein

feiger  ", höhnt der schwarze

 . „Muss es immer blutige

 und gebrochene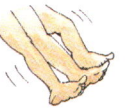

geben?", entgegnet Rüdiger.

Der schwarze lacht

spöttisch. Rüdiger lässt sich nicht

beirren. Er erklärt den  ,

was er vorhat. Alle machen mit.

Nur der schwarze  sitzt auf

der  und schmollt. Die andern

nehmen sich  und hüpfen

zehnmal um den . Dann

stellen sich alle auf den . Wer

als Letzter umfällt, hat gewonnen.

Rüdiger fällt immer noch mehr ein.

Die  müssen  essen,

ohne die 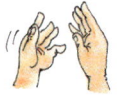 zu benutzen. Und

sie müssen auf einem  ein

um die ganze  balancieren.

Irgendwann hält es der schwarze

 nicht mehr aus und macht

mit. Er gewinnt sogar fünfmal.

Genauso oft wie  Rüdiger.

Die Wörter zu den Bildern:

 Ritter

 Film

 Schmied

 Kokosnuss

 Rüstung

 Pferde

 Prinzessin

 Brücke

 Drache

 Schild

 Bücher

 Lanze

 Windmühlen

 Schwert

 Fernseher

 Feuer

 Hammer

 Krone

 Amboss

 Treppe

 Eimer

 Blitz

 Burg

 Zacken

 König

 Faust

 Fenster

 Thron

 Türme

 Weg

 Laute

 Bauer

 Kopf

 Mund

 Nase

 Handschuhe

 Koch

 Helm

 Brötchen

 Bügeleisen

 Teller

 Ölkännchen

 Ei

 Glocke

 Pfanne

 Tisch

 Gabel

 Hase

 Tür

 Beine

 Füße

 Bank

 Säcke

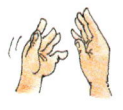 Hände

 Brunnen

 Löffel

 Äpfel

Werner Färber wurde 1957 in Wassertrüdingen geboren. Er studierte Anglistik und Sport in Freiburg und Hamburg und unterrichtete anschließend an einer Schule in Schottland. Seit 1985 arbeitet er als freier Übersetzer und schreibt Kinderbücher.

Leopé erblickte 1960 in Heilbronn das Licht der Welt. Sobald er Stifte halten konnte, bemalte er alles, was ihm zwischen die Finger kam. Deshalb studierte er in Stuttgart Grafik-Design. Anschließend machte er eine Ausbildung zum Erzieher.
1995 veröffentlichte Leopé sein erstes Bilderbuch und hat seitdem mehrere Kinderbücher geschrieben und illustriert. Er lebt heute in Berlin.

 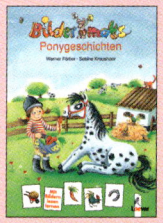